Le présent Livret appartient

au Citoyen .... — — — ......

Prénoms ...... — ...... — ...... ; ....

Né le . ... — .... — — ......

à .... — ...... — ......

Canton d ...... — ...... — ...... — ....

Département d .... — ...... — ....

Résidant à .... — ...... — — ......

Rue .... — .... — ...... *N°* ...... — ......

ENTRÉ DANS LE PARTI OUVRIER

comme membre, le .... — ....

Le Secrétaire-Général,   Le Trésorier-Général,

NUMÉRO

au registre matricule

LILLE

Imp. ouv. P. LAGRANGE, 28, rue de Fives

1897

STATUTS

DE LA

SECTION CALAISIENNE

TITRE PREMIER

Constitution et But

ARTICLE PREMIER. — Il est créé sous le titre de SECTION DU PARTI OUVRIER une organisation destinée à relier entre eux, en vue d'une action commune, tous les socialistes résolus à marcher, compacts et disciplinés, sous la bannière du PARTI OUVRIER.

ART. 2. — La Section est adhérente au PARTI OUVRIER, dont elle accepte le Programme et les Statuts. Elle se réclame des Congrès ouvriers, régionaux, nationaux et internationaux.

Elle se tient en rapports avec le Conseil national et le Comité fédéral du Parti

ART. 3. — La Section se propose :

1° De propager par tous les moyens en son pouvoir : réunions, conférences, cours, publications, brochures. journaux, etc., les doctrines du socialisme scientifique ayant pour base le fait historique de la **lutte des classes** et pour aboutissant logique; **la socialisation des moyens de production par le prolétariat organisé en parti de classe ayant conquis les Pouvoirs publics** ;

2° De recruter des adhérents au Parti ouvrier et de former de nouveaux militants et propagandistes ;

3° De participer aux Congrès départementaux, régionaux, nationaux et internationaux du Parti ouvrier, et d'assurer, dans la limite de sa sphère d'action, l'exécution de leurs décisions :

4° De prendre part aux luttes politiques et particulièrement aux luttes électorales afin d'envoyer siéger dans les assemblées électives des membres du Parti ;

5. De seconder de tout son pouvoir le groupement syndical et l'action des corporations ouvrières ;

6° D'assurer de plus en plus complètement l'inscription de tous les citoyens sur les listes électorales, principalement de tous les travailleurs, manuels ou intellectuels ;

7° De participer à toutes les manifestations et agitations utiles à l'œuvre du Parti ouvrier.

TITRE II

Organisation générale

ART. 4 — L'ensemble des membres de la Section forme le Comité central, lequel est souverain sur toutes les questions d'ordre général intéressant la Section ou le Parti.

Les décisions du Comité central ne

pourront être communiquées qu'aux groupes et seulement lors de leurs réunions.

ART. 5. — La Section est administrée par une Commission composée au moins d'autant de délégués qu'il y a de bureaux de vote (y compris les bureaux des communes environnantes dont les groupes sont adhérents à la Section lilloise), nommés par l'assemblée générale.

ART. 6. — La Commission administrative se subdivise en trois sous-commissions ; savoir : 1º la sous-commission du Secrétariat ; 2º la sous-commission des Finances : 3º la sous-commission de contrôle. La Commission administrative nomme elle-même les Secrétaires et les Trésoriers.

ART 7. — La Commission administrative est élue pour un an, renouvelable par moitié tous les six mois. Les Commissaires sont rééligibles et toujours révocables. Pour être élu membre de la Commission administrative, il faut appartenir au Parti ouvrier depuis au moins un an. Tout commissaire ayant trois absences non justifiées sera considéré comme démissionnaire et il sera pourvu à son remplacement à l'assemblée générale suivante.

ART. 8. — La Commission du Secrétariat a dans ses attributions : l'inscription, la correspondance, les procès-verbaux, les convocations et les archives. Elle fait en outre parvenir à chaque groupe un extrait du procès verbal du Comité central et de la Commission administrative.

La Commission des finances a, dans ses attributions : la trésorerie, le rappel des retards des cotisations et la bibliothèque.

La Commission de contrôle a pour mandat de contrôler tous les actes du Parti, tant dans son ensemble que dans les groupes Chacune des sous-commissions doit fournir semestriellement un rapport de ses travaux au comité central.

ART. 9. — Pour faciliter les études théoriques de ses membres, le recrutement, et, le cas échéant, l'action électorale du Parti, le Comité central se subdivise en comités de section de vote. Ces comités formés par les soins de la Commission administrative, seront composés, autant que possible, de membres domiciliés dans une même section.

Un comité pourra comprendre plusieurs sections de vote ; mais il faudra l'urgence reconnue par la Commission administrative pour accepter qu'il y ait plusieurs comités dans une même section.

ART. 10 — Les *Groupes* ne peuvent avoir aucune initiative d ordre général, en dehors du Comité central, à la direction effective duquel ils sont tenus de se rapporter.

ART. 11. — Les *Groupes* sont gérés par une délégation nommée par la Commission et prise, autant que possible, parmi les membres domiciliés dans le quartier. Cette délégation comprend un secrétaire et un trésorier.

ART. 12. — Les membres des trois

commissions (secrétariat, finances, contrôle) forment ensemble la Commission administrative.

Art. 13. — La Commission administrative a pour mission :

1° De faire exécuter les décisions du Comité central et de prendre toutes mesures à cet effet ;

2° De préparer l'ordre du jour des séances du Comité central ;

3° De convoquer extraordinairement, s'il y a lieu, le Comité central ;

4° D'informer les Secrétaires de Groupes des décisions prises, au moyen de correspondances spéciales.

5°. D'aviser à toute décision urgente, dans l'intervalle des réunions du Comité exécutif. Elle a pleins pouvoirs pour agir au nom du Parti. Ses décisions sont ratifiées ultérieurement par le Comité exécutif. Elle a, en outre, dans ses attributions, l'organisation des conférences la réception des conférenciers et des délégations, de diriger les campagnes électorales avec l'aide des Comités de Sections où la lutte est engagée, etc.. etc.

Art. 14. — Le Comité central se réunit ordinairement le deuxième dimanche de chaque mois, extraordinairement toutes les fois que la Commission le jugera nécessaire et sur la demande écrite et signée de dix membres du Parti. Dans ce dernier cas, le motif de la réunion devra être donné par écrit.

Les présences seront constatées sur un registre spécial.

Seuls, les membres titulaires auront le droit d'assister aux assemblées générales du Parti.

ART. 15. — La Commission administrative se réunit obligatoirement au moins deux fois par mois.

TITRE III

Admissions. — Exclusions

ART. 16. — Pour être Membre de la Section il faut remplir les conditions suivantes :

1° Avoir fait adhésion, sans réserves, selon une *formule* à signer, disposée à cet effet, aux statuts, programme et principes du PARTI OUVRIER.

2° De verser une somme de 75 centimes d'admission donnant droit à la carte, au règlement et au programme du Parti.

3° Aucun membre du Parti ne peut adhérer à une autre association politique sans en avoir reçu l'autorisation de la Commission administrative.

ART. 17. — Nul ne peut être admis membre titulaire, sans avoir accompli un stage de trois mois.

Les stagiaires n'ont aucun droit de vote ni de discussion.

ART. 18. — Tous les membres sont inscrits sur un *Registre spécial* avec un numéro matricule correspondant à celui du *Livret*.

Ils sont classés par Groupes.

ART. 19. — Les cotisations sont perçues par les soins des collecteurs et centralisées entre les mains du Trésorier général.

Pour les besoins de la perception et le fonctionnement des Comités, il sera réservé, sur chaque cotisation, une somme de 0,10 centimes : 0,05 centimes pour le percepteur et 0,05 centimes pour pourvoir aux frais d'administration des groupes

Dans aucun cas, les Comités ne peuvent faire des dépenses relativement importantes sans approbation de la Commission administrative. Et doivent, sur la simple réquisition de cette dernière, mettre tout ce qu'ils peuvent posséder en caisse, à la disposition du Parti.

ART. 20. — Tout membre en retard de deux mois de cotisations reçoit un premier avis et, au troisième mois, un dernier avis huit jours après lequel il est rayé purement et simplement s'il n'a régularisé sa situation.

ART. 21. — L'exclusion d'un membre ne peut avoir lieu que dans la forme suivante :

La demande de radiation sera faite par écrit, signée et motivée par cinq membres au moins et adressée à la Commission qui procèdera à une enquête et s'efforcera d'arriver à la conciliation ; si elle ne peut aboutir elle soumettra le cas au Comité central dans sa plus prochaine séance. Ce dernier nommera aussitôt une Commission spéciale pour procéder à une enquête contradictoire et il s'ajournera à une date ultérieure pour prendre une décision, au bulletin secret, après avoir entendu le rapport de sa commission d'enquête et la défense du membre incriminé, contre lequel il sera donné défaut s'il ne se présente pas après convocation par lettre recommandée.

TITRE IV

Œuvre électorale

ART. 22. — Pour chaque campagne électorale, le Comité central prend en toute souveraineté de tactique, toutes dispositions inspirées par les circonstances. Quelles que soient ces dispositions, tous les membres de l'organisation ont l'obligation de s'y soumettre sans réserves.

Les Comités de sections, constitués dans les cantons en lutte s'adjoignent à la Commission administrative et forment le Comité électoral.

ART. 23. — Nul ne peut-être patronné officiellement par la Section, s'il n'en fait partie en qualité de membre titulaire, depuis un an et s'il n'a, en outre signé l'engagement d'après une formule disposée à cet effet, d'être fidèle au programme et aux principes du Parti ouvrier et aux décisions de ses Congrès.

ART. 24. — Tout membre de la Section élu par le corps électoral, à quelque degré que ce soit, appartient avant tout et pour tout au Parti, qui lui dicte sa ligne de conduite et surveille ses actes.

Il n'a pas le droit de donner sa démission de mandataire sans l'autorisation de la Section. S'il quitte le parti. pour n'importe quel motif, il doit se démettre de son mandat.

TITRE V

Journal du Parti

ART. 25. — Le journal étant l'organe de la Fédération, les adhérents sont tenus de se conformer aux décisions prises par le Comité fédéral et les Congrès régionaux.

TITRE VI

Dispositions diverses

ART. 26. — Les ressources pécuniaires de la Section sont exclusivement consacrées aux buts mentionnés à l'art. 3.

ART. 27. — La volonté individuelle des membres de la Section doit s'incliner devant les décisions de la majorité. Dès qu'un membre aura cherché à exercer une pression en donnant ou menaçant de donner sa démission, celle-ci devra être acceptée d'once, sans discussion aucune.

ART. 28. — Tout différend survenant entre des Groupes ou des membres sera déféré à un Conseil arbitral nommé en nombre égal par chacune des deux parties.

La partie qui se croirait lésée par la décision du Conseil arbitral pourra en appeler au Comité central, au Comité fédéral et au Conseil national du PARTI OUVRIER qui jugera en dernier ressort.

ART. 29. — Toute collectivité ou tout citoyen s'interdit de porter ses querelles en dehors du Parti, par voie de presse, de réunion publique ou tout autre moyen.

Formule d'Adhésion de Stagiaire

Je soussigné, désireux de m'initier aux théories socialistes, aux programmes, aux statuts et principes du Parti ouvrier, demande à être admis à faire un stage de trois mois dans la *Section*
stage pendant lequel je reconnais que je n'aurai aucun droit de prendre part aux délibérations ni d'occuper aucune fonction dans l'organisation.

Il est entendu que si, pendant ce stage, il ne me convenait pas de demeurer dans l'organisation je serais toujours libre de m'en retirer purement et simplement, en n'encourant que l'abandon integral de toutes sommes que j'aurai pu verser pour cotisations, souscriptions, etc.

le 189

Nom .. ..

Prénoms ... .

Profession ... .

Né le . .. . à ... .

Canton .... *Dép* . ..

Domicile ....

N· de la liste des stagiaires ▨▨▨▨▨▨

Formule d'Adhésion de Membre Titulaire

Je soussigné après m'être initié aux théories socialistes, aux programmes et aux principes du Parti ouvrier, ainsi qu'aux statuts et à l'organisation de la section de

1· Je déclare, en toute connaissance de cause y faire adhesion absolue et sans réserve, m'engageant sur l'honneur à y rester fidèle et à leur consacrer, avec désintéressement tout mon dévouement et mon activité.

2· D'autre part, comprenant que la marche compacte et uniforme sous une organisation disciplinée, est la plus sure méthode pour donner la plus grande puissance au mouvement socialiste et avancer l'heure de son triomphe ; que l'importance d'un tel résultat général doit faire accepter avec abnégation les inconvénients particuliers pouvant résulter de cette méthode, je m'interdis d'avance de ne jamais soulever aucun conflit au sein de la Section sous le prétexte que sa discipline statutaire gêne ma liberté individuelle.

3· Bien convaincu que les discordes entre socialistes sont la plus grande plaie dont puisse souffrir la cause du Prolétariat, je promets d'apporter dans mes relations avec tous les membres du Parti le plus large esprit de bienveillance et de tolérance, de bonne camaraderie et de solidarité, ce qui fait la force de ceux qui combattent pour une telle cause dans les mêmes rangs.

4· Je m'engage à toujours acquitter ponctuellement mes cotisations.

En foi de quoi j'ai signé le présent comme gage de ma sincère et loyale adhésion au Parti ouvrier.

le 189

Nom ..

Prénom ..

Né le .. .. à

Canton ... ... Dép ...

Profession ... ...

Domicile ... ...

N· Matricule

Formule pour les Candidats

—◇◇◇—

Je soussigné, désigné comme candidat de la *Section du Parti ouvrier* m'engage sur l'honneur :

1° A respecter fidèlement toutes résolutions du Comité central prises en vue de cette campagne électorale. sans y apporter aucune entrave ou atténuation pour cause de considérations personnelles;

2° A ne jamais déroger, soit comme candidat dans les réunions. soit dans l'accomplissement de mon mandat comme élu, aux principes ni au programme du Parti ouvrier ;

3° A soutenir toujours avec activité, énergie et dévouement la cause des travailleurs dans toutes les circonstances où elle serait en jeu.

En foi de quoi, j'ai signé le présent pour être invoqué contre moi si je venais à y faillir.

le_____ ._____189

Matricule ▬▬▬▬▬

COMITÉ FÉDÉRAL

RÈGLEMENT

ARTICLE PREMIER. — La Fédération régionale du Nord est constituée pour prendre les mesures communes que nécessite la mise en application des décisions des Congrès tant régionaux que nationaux et internationaux du Parti ouvrier.

ART. 2. — A seule fin de faire, dans les villes et les villages, par la presse et la parole, la propagande socialiste désirable, un Comité fédéral est constitué à Lille ; seul un des Congrès semestriels régionaux pourra décider son transfert dans une autre localité.

ART 3. — Ce Comité se compose de délégués dont six nommés par la Section où siège la Fédération et le reste par les autres sections.

Toutes les sections ont le droit de s'y faire représenter.

Les Sections trop éloignées ont le droit de faire leurs observations par correspondance sur la nomination des délégués.

ART. 4. — Le Comité fédéral se réunit une fois par mois et lorsque la Commission exécutive le jugera indispensable.

La Commission exécutive se réunira aussi souvent que le nécessiteront les besoins de la Fédération.

ART 5. — Les secrétaires des sections locales sont tenus d'ê re en correspondance avec le secrétaire du Comité fédéral et de lui envoyer un rapport sur la situation au moins une fois par mois. Ils ont surtout le devoir de le renseigner sur les progrès du socialisme et sur les moyens de l'activer dans leurs milieux.

Art. 6. — Le Comité fédéral a pour mission de faire choix des lectures socialistes qu'il veut faire imprimer pour être vendues ou délivrées gratuitement sous la forme de brochures, surtout dans les campagnes.

A ce sujet. les membres du Parti qui ont des manuscrits faits par eux-mêmes, et qu'ils croient utiles. pour la cause, d'être publiés, sont invités à les faire parvenir au comité qui jugera de leur valeur comme littérature socialiste et les publiera s'il en trouve l'utilité et l'occasion favorable.

Le Comité, à chaque nouvelle publication de brochures, en remettra à tous les groupes deux exemplaires par adhérent.

Il est en outre chargé. pour ce qui concerne la propagande par la parole. de tenir une liste des orateurs et des élèves orateurs que chaque section possède, pour les avoir à sa disposition et les répartir dans les localités suivant l'ordre géographique et l'importance des réunions.

Cette liste des orateurs n'étant constituée qu'avec l'assentiment des camarades, ces derniers ne pourront refuser le mandat qui leur sera confié, sauf le cas de force majeure ; ils seront alors forcés de pourvoir à leur remplacement.

Art. 7 — Chaque section est chargée de faire connaître au Comité fédéral le nombre d'orateurs ou d'élèves orateurs dont elle dispose.

Toute section qui fait venir dans sa localité des orateurs du Parti pour sa propagande orale aura à en payer les frais de voyage et de séjour.

En revanche, ces frais incomberont au Comité fédéral si c'est lui qui juge nécessaire de faire les conférences dans les endroits qu'il choisira.

Art. 8. — Chaque association adhérente est astreinte à une cotisation de cinq centimes par membre et par mois pour payer les frais que nécessite le fonctionnement du Comité fédéral et la cotisation au Conseil national.

Les Chambres syndicales, les Coopératives ouvrières ne sont pas astreintes à la cotisation régulière ; elles verseront ce qu'elles jugeront convenable.

Art. 9. — Ce règlement ne s'applique pas aux sections ou associations qui n'ont pas encore trois mois d'existence, sauf pour ce qui concerne les frais de voyage et de séjour des orateurs qu'elles feront venir à leur aide.

L'organisation et l'administration des Sections nouvelles sont laissées à l'initiative du Comité fédéral, qui agira au mieux des intérêts du Parti ouvrier.

Il sera envoyé à titre gracieux à chaque section nouvelle toutes les fournitures d'administration nécessaires à leur fonctionnement.

PROJET DE RÈGLEMENT

DE

COMITÉS CANTONAUX

———◆———

ARTICLE 1er. — Le Comité aura son siège dans la localité jugée la plus convenable.

ART. 2. — Y seront admises toutes les sections comprises dans le canton et adoptant le programme du Parti ouvrier.

ART 3. — Une réunion aura lieu tous les trimestres pour permettre aux trésoriers et secrétaires des sections du Comité de venir y exposer la situation financière et morale de leur section respective.

ART. 4. — Cette réunion se fera à tour de rôle au Comité central de chaque section.

ART. 5. — La Commission se compose d'un Secrétaire et d'un adjoint; d'un Trésorier et d'un adjoint et des délégués des sections.

ART. 6. — La cotisation à payer est de 7 centimes par membre et par mois. (Avec ces 7 centimes les cotisations aux comités cantonal, fédéral et national sont payées)

ART. 7. — Les Secrétaires et les Trésoriers seront nommés par les délégués des sections tous les six mois : les mêmes pourront être réélus.

ART. 8. — Tout l'argent versé au Comité cantonal sera employé à la propagande sous toutes ses formes et ne pourra, en aucun cas, être employé à d'autres usages.

Art. 9 — La caisse sera déposée au siège du Comité.

Art. 10. — Les sections seront représentées dans le Comité par un délégué et un suppléant.

Art. 11 — Quand le vote nominal sera demandé chaque délégué aura autant de voix que sa section paye de cotisations.

Art. 12. — Les membres du Parti, sur la présentation de leur carte; pourront assister aux réunions du Comité, mais seuls les délégués auront le droit de discussion et de vote.

Art. 13 — Toute nouvelle section sera exempte de cotisation pendant trois mois à partir de sa fondation.

Art. 14. — A chaque élection législative ou cantonale les fonds du Comité serviront comme premier apport et seront alimentés par les à comptes envoyés par les sections, et quand les comptes seront terminés, les sections paieront au prorata des membres payants ; toutefois il sera tenu compte des sections nouvellement installées.

Art. 15 — Si une élection communale partielle se produit il sera ouvert une souscription dans le canton pour en couvrir les frais s'ils étaient dépassés par la souscription, le reste reviendrait au Comité cantonal.

Art. 16. — Toutes les quêtes faites serviront à alimenter la caisse du Comité à moins qu'elles n'aient un but déterminé à l'avance.

Art 17. — Tout changement audit règlement ne pourra être fait qu'en Assemblée convoquée spécialement à cet effet, et ne pourra jamais porter sur les principes du Parti.

PROGRAMME GÉNÉRAL
DU PARTI

———◦◦———

(Elaboré en conformité des décisions du Congrès
national tenu à Marseille du 20 au 31 octobre 1879,
confirmé par le Congrès national tenu au Hâvre du
16 au 22 Novembre 1880 maintenu en vigueur par
le Congrès National tenu à Reims du 30 octobre au
6 novembre 1881, complété par le Congrès national
de Roanne du 26 septembre au 1er octobre 1882, et
sanctionné par le Congrès National tenu à Roubaix
du 29 mars au 7 avril 1884).

Considérant,

Que l'émancipation dè la classe productive est celle
de tous les êtres humains sans distinction de sexe
ni de race ;

Que les producteurs ne sauraient être libres qu'autant qu'ils seront en possession des moyens de production (terres, usines navires, banques, crédit, etc)

Qu'il n'y a que deux formes sous lesquelles les
moyens de production peuvent leur appartenir :

1· La forme individuelle, qui n'a jamais existé à
l'état de fait général et qui est éliminée de plus en
plus par le progrès industriel ;

2· La forme collective. dont les éléments matériaux
et intellectuels sont constitués par le développement
même de la société capitaliste ;

Considérant,

Que cette appropriation collective ne peut sortir
que de l'action révolutionnaire de la classe productive — ou prolétariat — organisée en parti politique
distinct ;

Qu'une pareille organisation doit être poursuivie

par tous les moyens dont dispose le prolétariat y-
compris le suffrage universel transformé ainsi d'instrument de duperie qu'il a été jusqu'ici en instrument
d'émancipation ;

Les travailleurs socialistes français, en donnant
pour but à leurs efforts l'expropriation politique et
économique de la classe capitaliste et le retour à la
collectivité de tous les moyens de production, ont
décidé, comme moyen d'organisation et de lutte,
d'entrer dans les élections avec les revendications
immédiates suivantes :

A. — Partie politique

1· Abolition de toutes les lois sur la presse, les
réunions et les associations et surtout de la loi contre
l'Association internationale des Travailleurs. —
Suppression du livret, cette mise en carte de la
classe ouvrière et de tous les articles du code. éta-
blissant l'infériorité de l'ouvrier vis-à-vis du patron
et l'infériorité de la femme vis-à-vis de l'homme ;

2· Suppression du budget des cultes et retour à la
nation « des biens, dits de mainmorte. meubles et
immeubles appartenant aux corporations religieuses»
décret de la Commune du 2 avril 1871) y compris
toutes les annexes industrielles et commerciales de
ces corporations ;

3· Suppression de la Dette publique ;

4· Abolition des armées permanentes et armement
général du peuple ;

5· La Commune maitresse de son administration
et de sa police.

B. — Partie économique

1· Repos d'un jour par semaine ou interdiction
légale pour les employeurs de faire travailler plus de
six jours sur sept. — Réduction légale de la journée

de travail à huit heures pour les adultes. — Inter
diction du travail des enfants dans les ateliers privés
au-dessous de quatorze ans; et de quatorze à dix
huit ans, réduction de la journée de travail à six
heures ;

2º Surveillance protectrice des apprentis par les
corporations ouvrières ;

3º Minimum légal des salaires, déterminé chaque
année. d'après le prix local des denrées, par une
commission de statistique ouvrière :

4º Interdiction légale aux patrons d'employer des
ouvriers étrangers à un salaire inférieur à celui des
ouvriers français ;

5º Égalité de salaire à travail égal, pour les
travailleurs des deux sexes ;

6º Instruction scientifique et professionnelle de
tous les enfants mis pour leur entretien à la charge
de la société, représentée par l'État et par la
Commune ;

7º Mise à la charge de la société des vieillards et
des invalides du travail ;

8º Suppression de toute immixtion des employeurs
dans l'administration des caisses ouvrières de secours
mutuels, de prévoyance, etc., restituées à la gestion
exclusive des ouvriers ;

9º Responsabilité des patrons en matière d'acci-
dents, garantie par un cautionnement versé par
l'employeur dans les caisses ouvrières et proportionné
au nombre des ouvriers employés et aux dangers
que présente l'industrie ;

10º Intervention des ouvriers dans les règlements
spéciaux des divers ateliers; suppression du droit
usurpé par les patrons de frapper d'une pénalité
quelconque leurs ouvriers sous forme d'amendes ou

de retenues sur les salaires (décret de la Commune du 27 Avril 1871);

11° Annulation de tous les contrats ayant aliéné la propriété publique (banques, chemins de fer mines, etc.), et l'exploitation de tous les ateliers de l'État confiée aux ouvriers qui y travaillent ;

12° Abolition de tous les impôts indirects et transformation de tous les impôts directs en un impôt progressif sur les revenus dépassant 3.000 francs. — Suppression de l'héritage en ligne collatérale et de tout héritage en ligne directe dépassant vingt mille francs.

PROGRAMME MUNICIPAL

Elaboré par le 9ᵉ Congrès national du Parti ouvrier, tenu à Lyon, du 26 au 28 novembre 1891, à l'unanimité des 298 groupes et syndicats représentés.

ARTICLE PREMIER. — Institution de cantines scolaires, où les enfants trouveront à prix réduit ou gratuitement un repas de viande entre la classe du matin et la classe du soir ; et, deux fois par an, à l'entrée de l'hiver et de l'été, distribution de chaussures ět de vêtements ;

ART. 2. — Introduction, dans le cahier des charges pour les travaux de la ville de clauses réduisant à huit heures la journée de travail, garantissant un minimum de salaire déterminé par le Conseil, d'accord avec les corporations et interdisant le marchandage aboli par un décret-loi de 1848. — Organisation d'un service d'inspection chargé de veiller à l'exécution de ces clauses.

ART. 3. — Bourse du travail confiée à l'adminisration des syndicats ouvriers et des groupes corporatifs.

Art. 4. — Suppression des taxes d'octroi sur les denrées alimentaires.

Art. 5. — Exemption pour les petits loyers de toute cote mobilière et personnelle, reportée sur les loyers d'un taux supérieur progressivement imposés — Assainissement et réparation aux frais des propriétaires dés logements reconnus insalubres — Imposition des terrains non bâtis proportionnellement à leur valeur vénale et.des locaux non loués proportionnellement à leur valeur locative.

Art. 6. — Placement par les municipalités et les Bourses du travail ou les Syndicats, et retrait des autorisations aux placeurs.

Art. 7. — Création de *maternités* et d'asiles pour les vieillards et les invalides du travail. — Asiles de nuit et distribution de vivres pour les passagers et les ouvriers à la recherche de travail sans résidence fixe.

Art. 8. — Organisation d'un service gratuit de médecine et d'un service de pharmacie à prix de revient.

Art. 9. — Etablissement de bains et de lavoirs publics et gratuits

Art. 10. — Création de *sanatorium* pour l'enfance ouvrière et envoi dans les *sanatorium* existants aux frais de la commune

Art. 11. — Service de consultations judiciaires gratuites pour les litiges intéressant les ouvriers.

Art. 12. — Rétribution des fonctions municipales au taux maximum des salaires ouvriers à l'effet de ne pas exclure de l'administration de la commune une classe entière de citoyens, la plus nombreuse celle qui n'a que son travail pour vivre.

Art. 13. — En attendant que soit remaniée dans un sens conforme aux intérêts du travail la juridiction de la prud'homie. rétribution des prud'hommes ouvriers à un taux qui leur assure l'indépendance absolue vis-à-vis du patronat.

Art. 14.— Publication d'un bulletin municipal officiel et affichage des décisions prises par le Conseil.

PROGRAMME AGRICOLE

Elaboré par le 10ᵉ Congrès national tenu à Marseille du 24 au 27 Septembre 1892, et complété par le 12ᵉ Congrès national tenu à Nantes du 14 au 16 Septembre 1894.

Considérant qu'aux termes mêmes du programme général du Parti « les producteurs ne sauraient être libres qu'autant qu'ils seront en possession des moyens de production ;

Considérant que si, dans le domaine industriel. ces moyens de production ont déjà atteint un tel degré de centralisation capitaliste qu'ils ne peuvent être restitués aux producteurs que sous la forme collective ou sociale. il n'en est pas de même actuellement en France du moins. dans le domaine agricole ou terrien. le moyen de production,qui est le sol, se trouvant encore sur bien des points possédé à titre individuel par les producteurs eux-mêmes ;

Considérant que, si cet état de chose. caractérisé par la propriété paysanne, est fatalement appelé à disparaître, le socialisme n'a pas à précipiter cette disposition, son rôle n'étant pas de séparer la propriété et le travail mais, au contraire, de réunir dans les mêmes mains ces deux facteurs de la production dont la division entraîne la servitude et la misère des travailleurs tombés à l'état de prolétaires ;

Considérant que si, au moyen des grands domaines repris à leurs détenteurs oisifs au même titre que les chemins de fer, mines, usines etc., le devoir du socialisme est de remettre en possession, sous la forme collective ou sociale les prolétaires agricoles, son devoir non moins impérieux est de maintenir en possession de leurs lopins de terre, contre le fisc, l'usure et les envahissements des nouveaux seigneurs du sol, les propriétaires cultivant eux mêmes ;

Considérant qu'il y a lieu d'étendre cette protecion aux producteurs qui, sous le nom de fermiers et métayers, font valoir les terres des autres et que, s'ils exploitent des journaliers, y sont en quelque sorte contraints par l'exploitation dont ils sont eux-mêmes victimes.

Le Parti ouvrier qui, à l'inverse des anarchistes n'attend pas de la misère étendue et intensifiée la tranformation de l'ordre social, et ne voit de libération pour le travail et pour la Société que dans l'organisation et les efforts combinés des travailleurs des campagnes et des villes s'emparant du gouvernement et faisant la loi, a adopté le programme agricole suivant, destiné à coaliser dans la même lutte contre l'ennemi commun la *féodalité terrienne*, tous les éléments de la production agricole, toutes les activités qui, à des titres divers, mettent en valeur le sol national.

Article premier. — Minimum de salaire fixé par les Syndicats ouvriers agricoles et par les conseils municipaux tant pour les ouvriers à la journée que pour les loués à l'année (bouviers, valets de ferme, filles de ferme, etc.)

Art. 2. — Création de prud'hommes agricoles :

Art 3 — Interdiction aux Communes d'aliéner leurs terrains communaux, amodiations par l'Etat aux communes des terrains domaniaux, maritimes et autres actuellement incultes ; emploi des excédents des budjets communaux à l'agrandissement de la propriété communale ;

ART. 4. — Attribution par la commune des terrains concédés par l'Etat, possédés ou achetés par elle. à des familles non possédantes, associés et simplement usufruitières, avec interdiction d'employer des salariés et obligation de payer une redevance au profit du budget de l'assistance communale ;

ART. 5. — Caisse de retraite agricole pour les invalides et les vieillards. alimentée par un impôt spécial sur les revenus de la grande propriété ;

ART. 6. — Organisation, par canton, d'un service gratuit de médecine et d'un service de pharmacie à prix de revient ;

ART. 7. — Indemnité, pendant les périodes d'appel aux familles des réservistes, à la charge de l'Etat, du département et de la commune.

ART. 8. — Achat par la commune. avec le concours de l'Etat, de machines agricoles, ou location de ces machines, mises gratuitement à la disposition des petits cultivateurs ; création d'associations de travailleurs agricoles pour l'achat d'engrais, de drains, de semences, de plants etc., et pour la vente des produits ;

ART. 9. — Suppression des droits de mutation pour les propriétés au dessous de 5.000 fr. ;

ART 10. — Abolition de tous les impôts indirects et transformation des impôts directs en un impôt progressif sur les revenus dépassant 3.000 francs ; — en attendant, suppression de l'impôt foncier pour les propriétaires cultivant eux-mêmes et diminution de cet impôt pour ceux dont la terre est grevée de dettes hypothécaires ;

ART. 11. — Réduction du taux légal et conventionnel de l'intérêt de l'argent :

ART. 12 — Abaissement des tarifs de transports pour les engrais, les machines et les produits agricoles.

ART. 13. — Réduction par des commissions d'arbitrage comme en Irlande, des beaux de fermage et de métayage et indemnité aux fermiers et aux métayers sortants pour la plus-value donnée à la propriété.

ART. 14. — Suppression de l'article 2102 du Code civil donnant aux propriétaires un privilège sur la récolte, et suppression de la saisie-brandon, c'est-à-dire des récoltes sur pieds ; constitution pour le cultivateur d'une réserve insaisissable comprenant les instruments aratoires, les quantités de récoltes, fumiers et têtes de bétail indispensables à l'exercice de son métier.

ART. 15. — Revision du cadastre et, en attendant la réalisation de cette mesure générale, revision parcellaire par les communes.

ART. 16. — Mise à l'étude immédiate d'un plan de travaux publics, ayant pour objet l'amélioration du sol et le développement de la production agricole.

ART. 17. — Liberté de la Chasse et de la pêche, sans autre limite que les mesures nécessités pour la conservation du gibier et du poisson et la préservation des récoltes ; — interdiction des chasses réservées et des garde-chasses.

ART. 18. — Cours gratuits d'agronomie et champ d'expérimentation agricole.

PROGRAMME MARITIME

Elaboré par le Congrès national tenu à Romilly du 8 au 10 Septembre 1895 et complété par le Congrès national, tenu à Lille du 21 au 24 Juillet 1896.

ARTICLE PREMIER. — Creation d'un conseil du travail maritime, élu par les syndicats de marins de commerce et de pêcheurs.

ART. 2. — Maximum de travail ; douze heures sur le pont et huit heures devant les feux. Un jour complet de repos par semaine, terre et mer, sauf le cas de force majeure *(Congrès maritime de 1893)*.

ART. 3. — Minimum de salaire : 90 francs par mois sur le pont. 100 fr. dans les soutes, 120 fr. devant les feux *(Congrès maritime de 1893)*.

ART. 4. — Institution de conseils de prud'hommes maritimes.

ART. 5. — Interdiction de tout châtiment corporel.

ART. 6. — Suppression des tribunaux et du code maritime, retour au droit commun pour les travailleurs de la mer.

ART. 7. — Minimum de la retraite, pour les inscrits maritimes de toute profession, porté à 600 fr. après vingt-quatre mois de navigation, au moyen d'un impôt spécial sur les armateurs et les compagnies de navigation et retraite proportionnelle à partir de 180 mois de service à la mer.

Reversibilité de la pension *maxima* sur les veuves, orphelins et ascendants des inscrits morts à la mer.

ART. 8. — Sécurité garantie : *a*, par un maximum de chargement, *b*, par un maximum de vitesse ; *c*, par un minimum d'équipage d'après la jauge des navires et la force des machines ; *d*, par l'inspection des navires au départ, confiée aux prud'hommes maritimes ; e, par l'assurance obligatoire du personnel et de ses effets.

Art. 9 — Insaisissabilité des *délégations* c'est-à-dire que la partie de la solde prélevée au profit de la famille des marins.

Art. 10. — Suppression des marchands d'hommes et création dans les ports, aux frais des municipalités et des chambres de commerce, des *sailors homes* administrées par les marins eux-mêmes et chargees particulièrement de la protection des mousses.

Art. 11. — Attribution par commune, aux familles des marins associées et simplement usufruitières, de la partie du littoral maritime susceptible d'être mise en culture ou en valeur.

Art. 12. — Exercice de leurs droits politiques garanti aux marins par un mode de vocation spécial.

Art 13. — Interdiction légale du départ pour la pêche d'Islande avant le 1er Avril de chaque année et modification par voie de convention internationale, de l'itinéraire suivi sur le banc de Terre-Neuve par les paquebots faisant le service entre l'Europe et es Etats-Unis d'Amérique.

Art. 14 — Reprise par la nation des bateaux de pêche non montés par leur propriétaire et mise de ces bateaux à la disposition des pêcheurs associés, moyennant un tant pour cent prélevé sur leur pêche pour l'entretien et le renouvellement du matériel.

Art 15. — Suppression des facteurs. commissionnaires et autres intermédiaires remplacés, pour l'achat et la vente du poisson, par les communes interressés — communes de production et communes de consommation.

Art. 16. — Institutions d'écoles spéciales de pêche.

Art. 17. — Suppression des bordigues et des madragues.

RÈGLEMENT GÉNÉRAL DU PARTI

TITRE I

DÉNOMINATION DU PARTI

ARTICLE PREMIER. — Le titre du Parti est : Parti-ouvrier. — qui dit Parti ouvrier disant constitution des travailleurs en parti de classe pour l'expropria-tion politique et économique de la classe capitaliste et la socialisation des moyens de production.

TITRE II

COMPOSITION DU PARTI

Article premier. — Le Parti comprend tous ceux et toutes celles qui, ayant adhéré à son programme se conformeront au présent règlement.

Art. 2. — Il se compose de groupes et de fédérations — locales, départementales ou régionales — en rapports constants avec le Conseil national au moyen de secrétaires nommés à cet effet et dont la nomina-tion devra être immédiatement transmise au Conseil.

TITRE III

ADMINISTRATION DU PARTI

Article premier. — Le Parti est administré par un Conseil national élu par le Congrès national annuel et placé sous le contrôle des groupes composant le Parti.

Il est composé de quinze membres.

Art. 2. — Le Conseil National nomme dans son propre sein un secrétaire pour l'intérieur et un secrétaire pour l'extérieur — ces deux fonctions, devant, autant que possible, être rétribuées.

Art. 3. — Les dépenses du Conseil National sont couvertes :

a) Pour les syndicats adhérents. par une cotisation collective fixe d'au moies un franc par mois ;

b) Pour les fédérations et groupes du Parti, par une contribution de trois centimes par membre et par mois, percevable au moyen de *timbres mobiles* qui seront mis par le Conseil national à la disposition des fédérations et groupes et leur serviront de *reçus* pour la cotisation de leurs membres ;

c) Par un *carnet d'adhérent* du prix de 0.25 centimes, renouvelable chaque année, et quadrillé de façon à permettre l'apposition mensuelle du *timbre-reçu* ;

d) Par un *insigne symbolique de métal*, du prix de vingt-cinq centimes qui, créé par le Conseil national, pourra s'arborer à la boutonnière dans les manifestations ou fêtes du Parti ;

e) Par un droit de 5 0|0 sur le produit net de toute réunion, conférence, fête etc. organisées par le Parti.

Art. 4. — Le Conseil national a le droit d'organiser pour les besoins de sa gestion, des réunions et des souscriptions

Art. 5. — Le Conseil national veille à l'exécution, dés décisions des Congrès nationaux,

Il prend toutes les mesures que peuvent commander les circonstances et dont il est responsable devant le prochain Congrès.

TITRE IV

DIRECTION DU PARTI

Article Premier. — La direction du Parti appartient exclusivement au Parti lui-même réuni en Congrès national annuel.

Art 2. — Les décisions des Congrès nationaux font loi et tout membre ou groupe qui refuserait de s'y conformer se mettrait lui-même hors du Parti.

TITRE V

CONGRÈS DU PARTI

Article Premier. — Il sera tenu chaque année un Congrès national du Parti.

L'organisation de ce Congrès est confiée aux groupes de la ville où il se réunira

Art. 2. — Ce Congrès doit être convoqué trois mois à l'avance par le Conseil national. Chaque Congrès détermine la ville où se tiendra le Congrès suivant.

Art. 3. — Le Congrès national devra se faire représenter au Congrès par une délégation d'un ou de plusieurs membres. La délégation aura à rendre compte de la gestion du Conseil et à présenter un rapport détaillé sur l'état du Parti.

Elle prendra part à la discussion, mais non au vote.

TITRE IV

DISPOSITIONS COMPLÉMENTAIRES

Article premier. — Le Parti a un organe central, *le Socialiste* publié par les soins et sous la responsabilité du Conseil national et auquel sont tenus de s'abonner tous les groupes et syndicats adhérents.

Art. 2. — Tout différend survenant entre des groupes ou des membres du Parti devra être déféré à un conseil arbitral nommé en nombre égal par chacune des parties.

La partie qui se croirait lésée pourra en appeler soit au Conseil national, soit au prochain Congrès national qui prononceront en dernier ressort.

Tout groupe ou membre s'interdit de porter sa querelle en dehors du Parti par voie de presse, de réunion publique ou tout autre moyen.

Art. 3. — Les cartes d'adhérents porteront le timbre du Conseil national, ainsi que le timbre de la fédération ou du groupe auquel appartient l'adhérent.

Article 4. — En dehors de cette carte, chaque membre du Parti devra être muni du Programme et du règlement général qui seront tenus à la disposition des fédérations et des groupes par le Conseil national, au prix de dix centimes.

170

www.ingramcontent.com/pod-product-compliance
Lightning Source LLC
Chambersburg PA
CBHW060812280326
41934CB00010B/2662